Dieses Buch gehört:

50 MANDALA MOTIVE

zum Ausmalen

SAMMELBAND
Mandala

WILDE TIERE

Coverdesign/Illustration: S. Hinrichs
Zusätzliches Bildmaterial:
Verwendung von Assets von Freepik.com

Herstellung und Verlag:
BoD - Books on Demand,
Norderstedt
ISBN: 978-3-7568-8323-3

Bibliografische Information der
Deutschen Nationalbibliothek:

Die Deutsche Nationalbibliothek
verzeichnet diese Publikation in
der Deutschen Nationalbibliografie;
detaillierte bibliografische Daten
sind im Internet über
http://dnb.d-nb.de abrufbar.

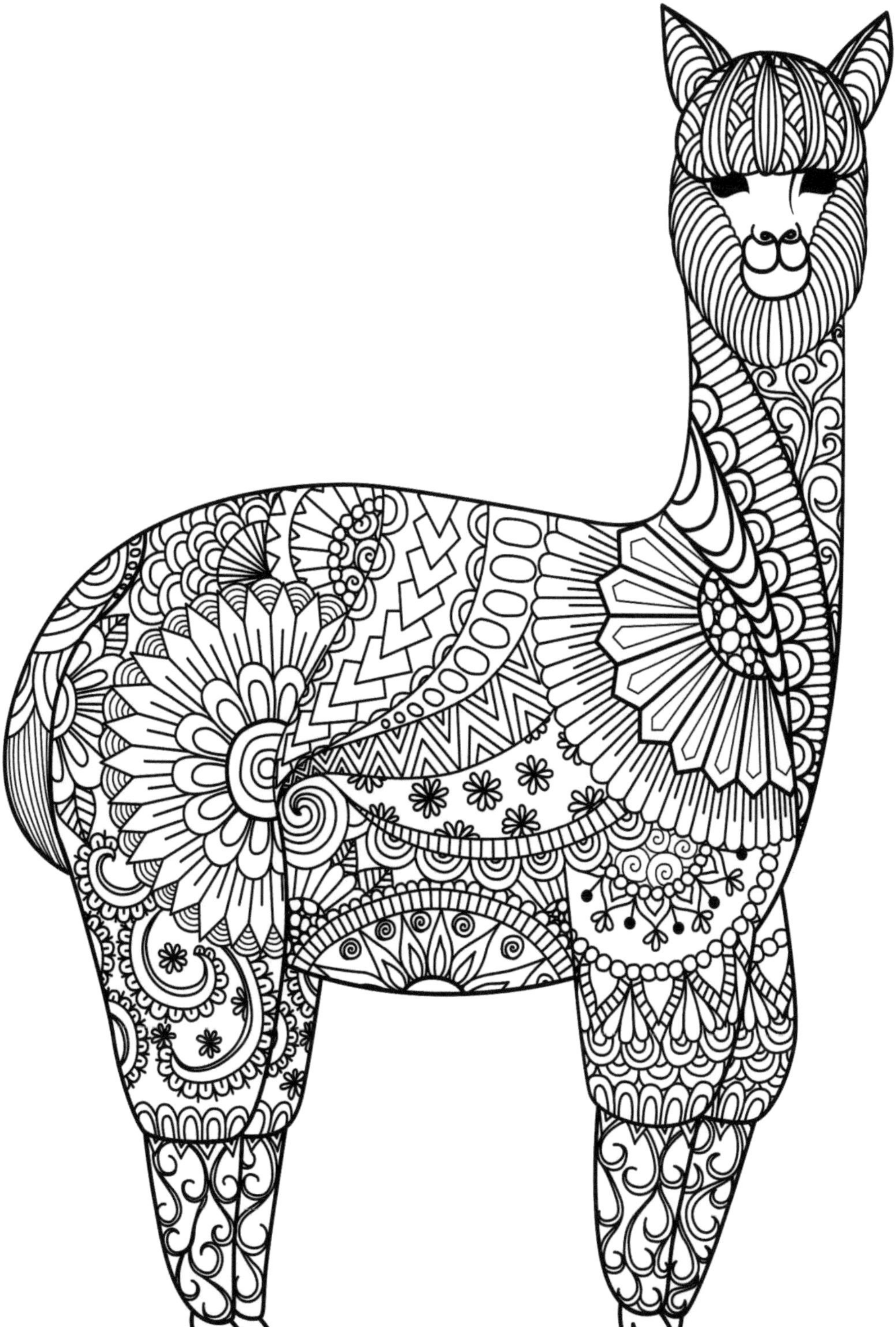

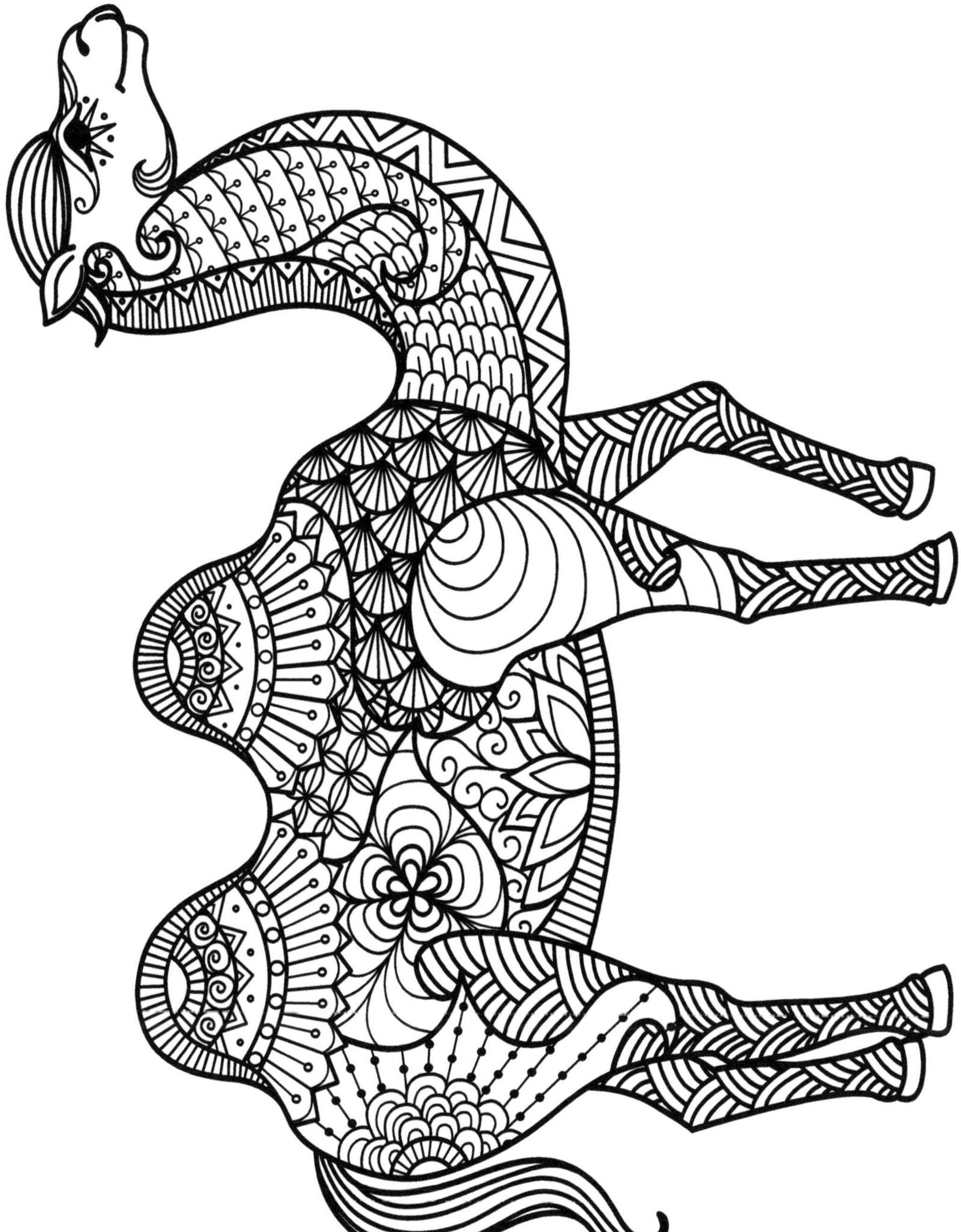

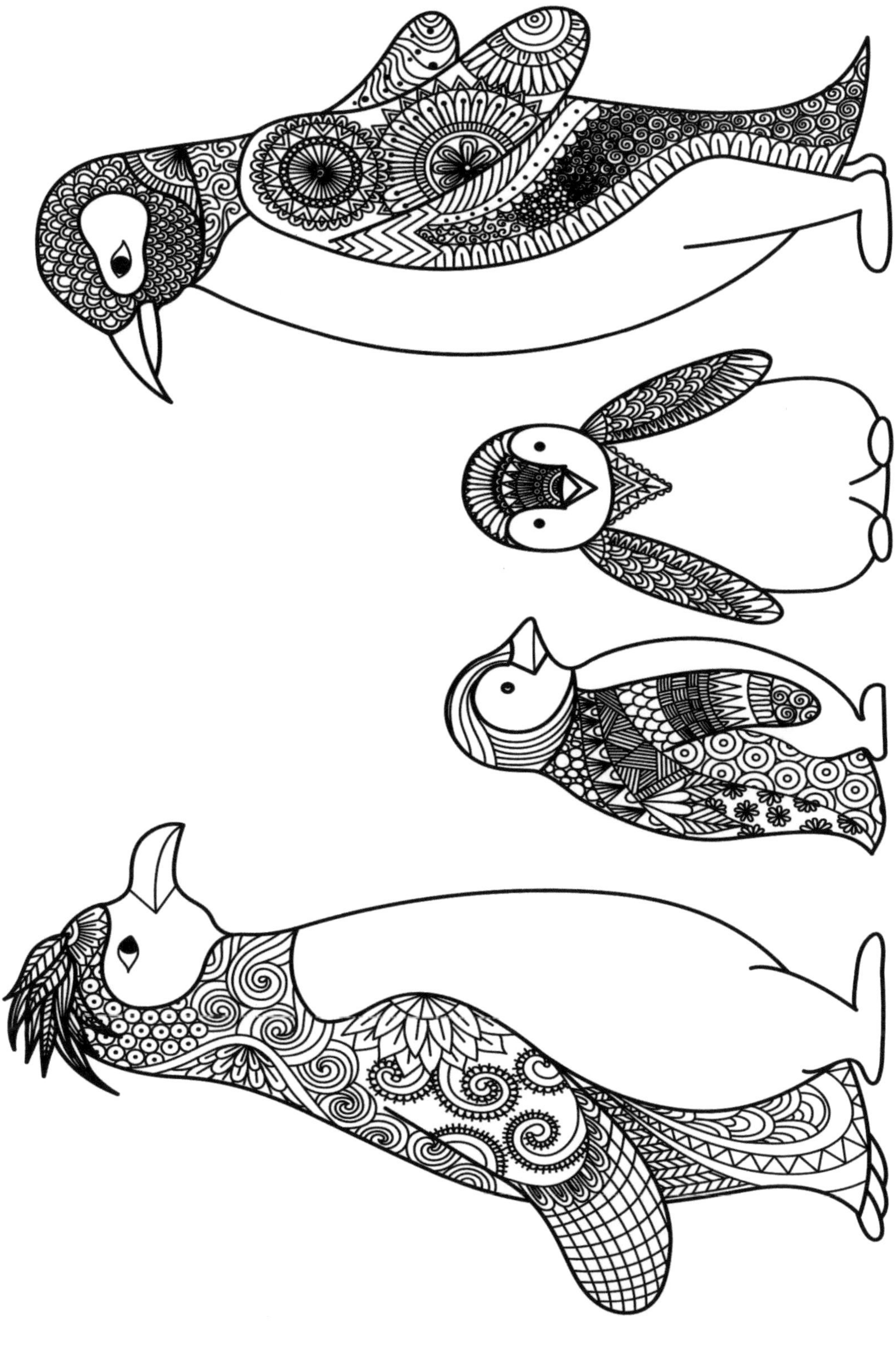

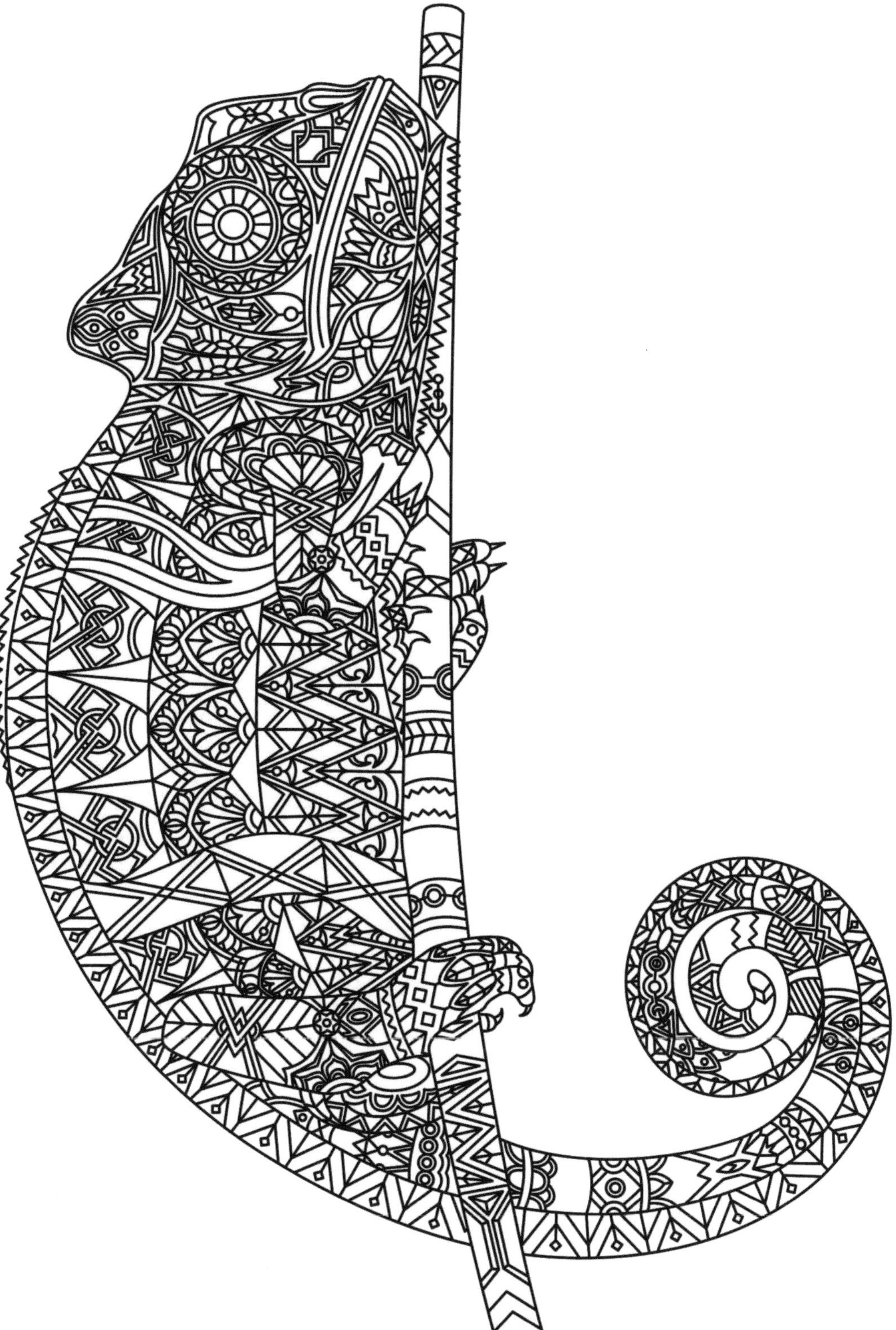

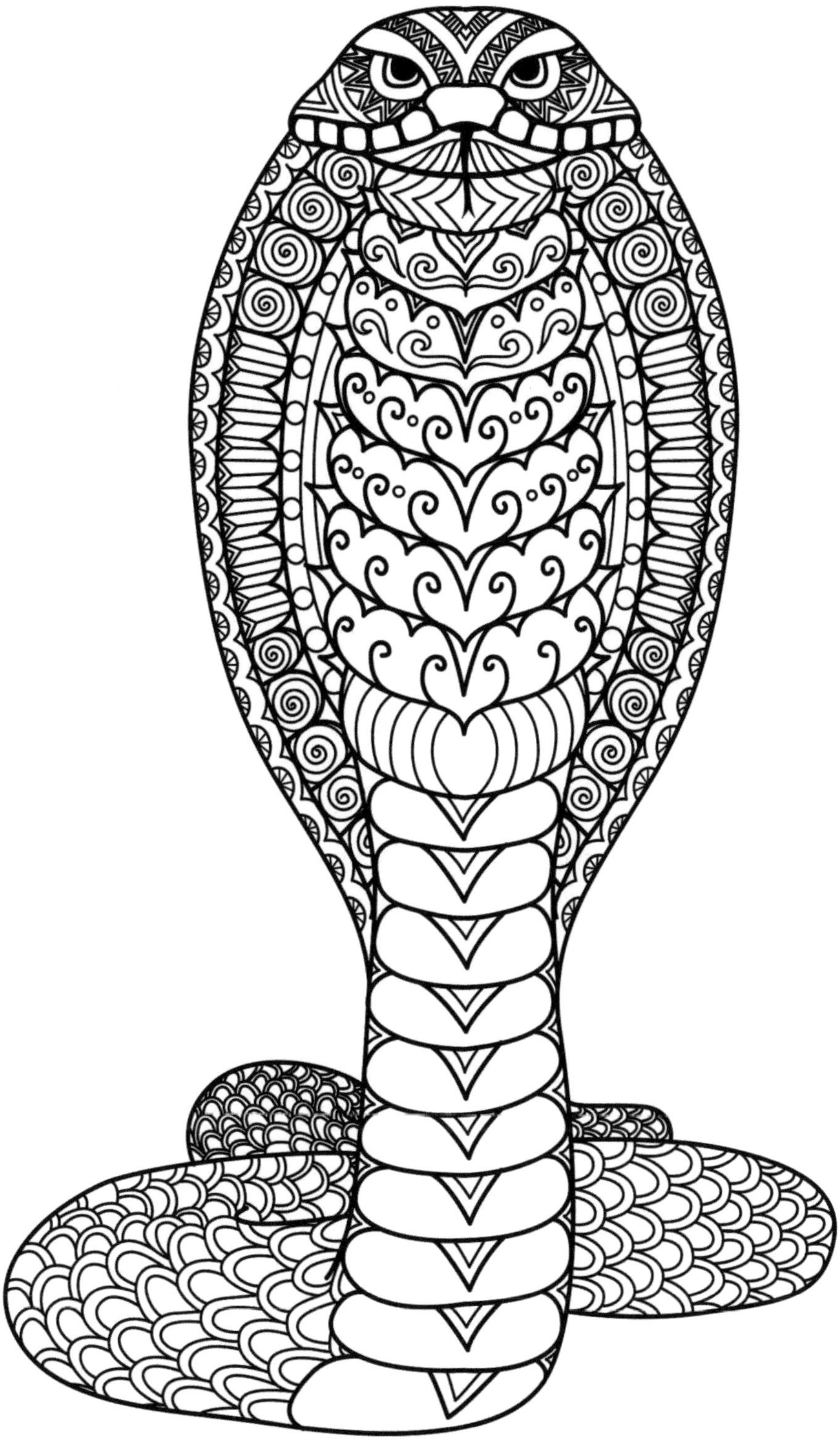

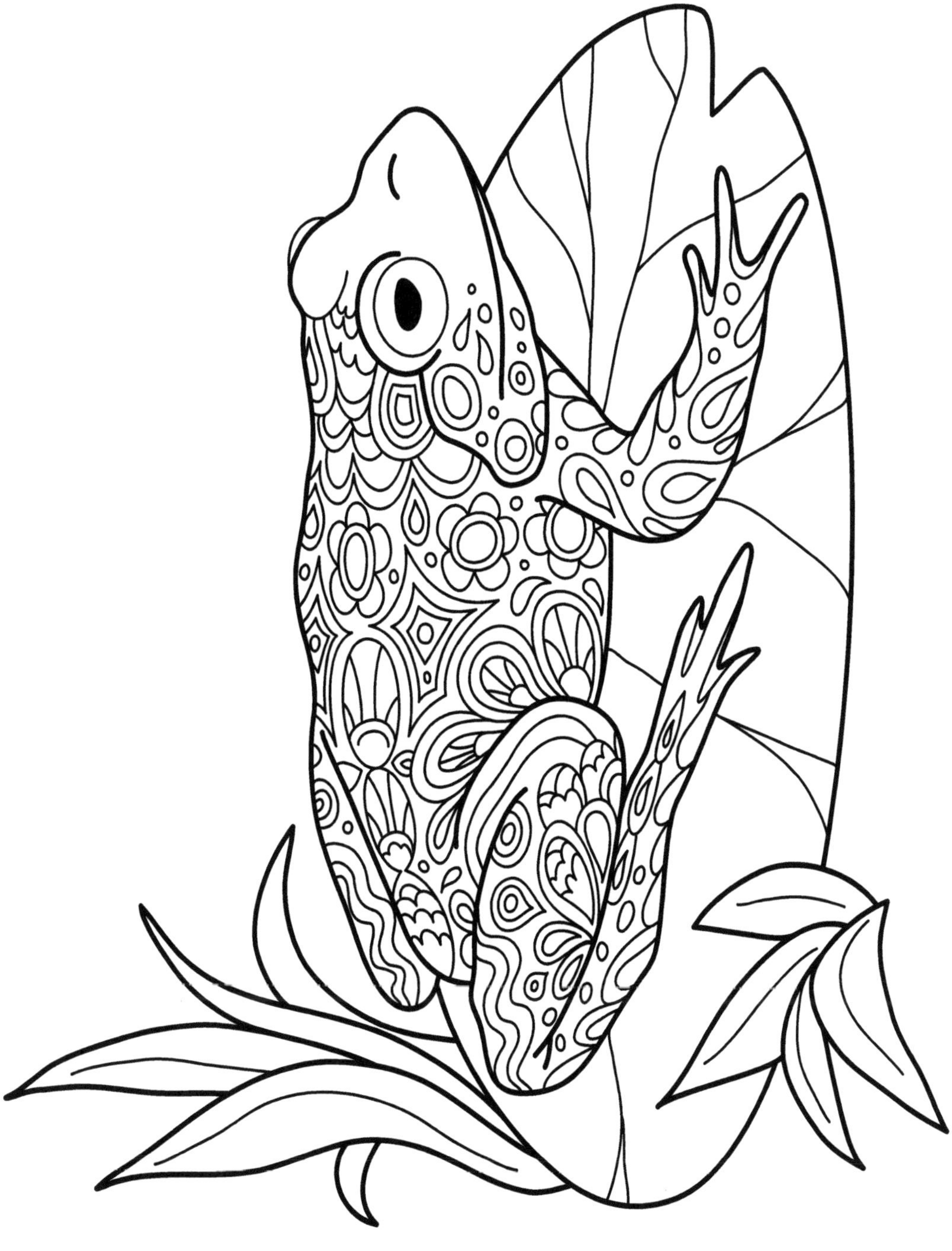

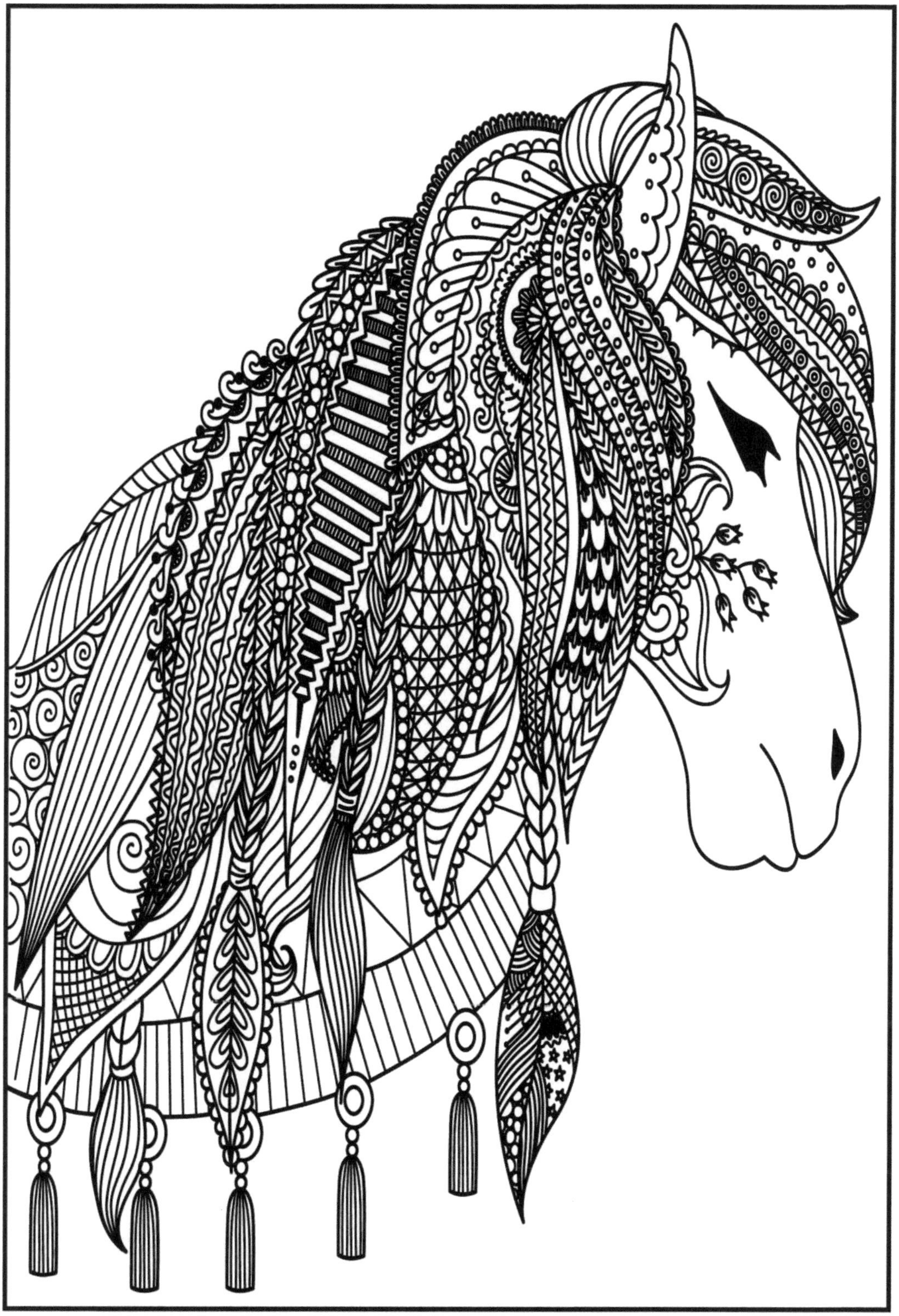